CONGRÈS DE LA PROPRIÉTÉ BATIE DE FRANCE

LYON 1894

SECTION VI

LES BUILDING SOCIETIES

Et les moyens de faciliter, en France, l'acquisition de petites maisons d'habitation

RAPPORT

PAR

M. A. CHAVASSIEU

Ancien percepteur

Membre du Conseil d'Administration

de la Chambre syndicale des Propriétés Immobilières de la ville de Lyon

LYON

IMPRIMERIE & LITHOGRAPHIE DU SALUT PUBLIC

71, Rue Molière, 71

1894

LES BUILDING SOCIETIES

ET LES

Moyens de faciliter, en France, l'acquisition de petites Maisons d'habitation

Dans son ouvrage si apprécié : *Un Devoir Social*, M. Georges Picot, le Président de notre Congrès, dit ceci : « Au milieu du mouvement qui emporte nos sociétés modernes, en présence du péril qui les menace, nul n'a le droit de demeurer immobile, indifférent, confiné dans des études solitaires. Chacun doit faire deux parts de sa vie et, tandis qu l'une demeure consacrée aux travaux d'une profession, l'autre doit être vouée à ces efforts collectifs, sans lesquels une nation serait une réunion d'êtres égoïstes, sans liens mutuels ».

En méditant ces belles pensées, à l'occasion de notre Congrès, j'ai pris mon courage à deux mains et me suis décidé à ne pas être indifférent et à ne pas rester immobile, en présence de l'activité déployée pour sa réussite. Si modeste que soit la part que j'y prendrai, j'aurai au moins montré de la bonne volonté.

Après la nourriture et le vêtement, il est une troisième chose nécessaire à la vie et presque aussi indispensable, c'est le logement. Il est donc inutile d'en démontrer l'utilité. Nous dirons seulement que l'idéal serait que chacun pût avoir sa maison à lui, séparée, son *home*, comme disent les Anglais, ce chez-soi dont le charme intime et profond a une importance considérable pour l'homme et sa famille qui exerce une influence morale, hygiénique et sociale sur toute sa vie et surtout sur sa vie de famille, dont il est la base.

C'est cet idéal que nous allons étudier. Nous tâcherons de démontrer que, si tous ne peuvent l'atteindre, il est accessible au plus grand nombre, même à l'ouvrier, au travailleur, à l'économe. Plus que la nourriture et le vêtement, le logement exige des capitaux considérables, c'est là la grande difficulté; on ne peut se la dissimuler; mais ce que l'un ne peut faire, plusieurs peuvent l'accomplir: j'ai nommé la *Coopération*. Cette grande idée a déjà fait beaucoup de chemin en faveur de la nourriture, dans divers pays; quant au vêtement, les maisons de confection l'ont mis à la portée de tout le monde. Pour le logement, qu'a-t-il été fait, jusqu'à ce jour? Nous allons l'examiner brièvement dans les divers pays, ce qui nous amènera à aborder notre sujet, les *Building Societies*, le mode qui aurait le mieux réussi en Angleterre et aux Etats-Unis.

C'est en France, dans notre Alsace regrettée, que le genre de la maisonnette a été inauguré dès 1835, par M. André Kœchlin, de Mulhouse, puis continué en 1851 par Jean Dolfus.

Mais c'est en Angleterre et aux Etats-Unis que le succès à été le plus considérable. En Angleterre, ces sociétés dépassaient dernièrement le chiffre de 2,300 avec plus de 600,000 membres; elles avaient accumulé près de 900 millions de francs appartenant à leurs membres, en dehors de 350 millions de francs qu'elles s'étaient procurés par des emprunts. La contre-valeur était représentée par des hypothèques, l'encaisse et des titres. Comme elles facilitent la construction plutôt qu'elles ne construisent elles-mêmes; ce sont en réalité de petits crédits fonciers.

Non seulement les sociétés et les particuliers, mais encore les « corporations », c'est-à-dire les municipalités, se sont engagées elles-mêmes dans ces œuvres, sans doute pour donner l'élan.

Après avoir acheté un terrain occupé par d'ignobles taudis à « Victoria Square » et les avoir fait raser, la municipalité a fait construire elle-même sur une superficie de 3,924 yards carrés (le yard est de 0 m. 91) sans compter les cours et chemins. On a d'abord étanché les sous-sols par une couche de béton de 9 pouces d'épaisseur un peu au-dessus du sol, les murs supérieurs furent séparés des fondations par une couche imperméable d'asphalte. On construisit alors 13 maisons comprenant 271 logements, dont la dépense s'éleva au chiffre de deux millions avec les accessoires: buanderies, water-closets, lavoirs, bouches de chaleur dans les chambres à coucher par le foyer du fourneau, ameublement, éclairage au gaz, etc. Cet éclairage fut onéreux à l'entreprise et fit que le rendement ne dépassa pas 2,80 °/₀, tandis que d'autres groupes comme à Victoria Dwellings, dans le même voisinage, atteinrent 4 °/₀.

Je donne ce renseignement, comme simple document, ne devant m'occuper nullement, dans cette étude, des grandes maisons à étages, mais simplement des petites maisons séparées avec jardin.

J'ajouterai cependant que M. Paul Langer écrivait, en mai dernier, de Londres, que la construction de maisons ouvrières en Angleterre était considérée comme une bonne affaire, rapportant un bon intérêt; car toucher 4, 4 1/2 et 5 % d'une manière sûre est ce qu'on peut appeler, de nos jours, un bon placement et le véritable placement de père de famille.

Il le confirme d'ailleurs par les derniers bilans des principales compagnies s'occupant de « Working men's Dwellings » (habitations ouvrières). Il s'est même trouvé un riche philanthrope qui a donné l'élan en Angleterre, par des donations princières. Cette bonne œuvre mérite d'être citée une fois de plus. M. Peabody, jeune commis né à Danvers, entrant en 1812 dans une maison de commerce, faisait vœu, si Dieu lui donnait la fortune, de l'employer au soulagement des pauvres. Son vœu ayant été réalisé, il a consacré son immense fortune à de nombreuses institutions philanthropiques, aux Etats-Unis, son pays d'origine et en Angleterre, où il est mort. Ses fondations à Baltimore ou à Danvers ont été estimées à environ 55 millions de fr.

En Angleterre, sa première donation vers 1863, de 150,000 livres (3,750,000 fr.), était faite en faveur de la classe pauvre de Londres et fut employée, par ses exécuteurs testamentaires, à la création de logements à bon marché. Le type adopté est la maison de grande dimension, avec plusieurs corps de bâtiments, et élevée de 5 ou 6 étages.

Le 4 novembre 1869 ce grand philanthrope mourait, et on apprenait, après son décès, qu'il avait encore laissé, à la fondation qui perpétuera son nom, une somme de 150,000 livres, ce qui faisait que ses diverses donations s'élevaient à douze millions et demi pour construire des logements destinés à la classe pauvre de la ville de Londres.

En 1888 les diverses constructions étaient terminées et habitées par 21,413 individus. Les divers immeubles comprenaient 5,071 demeures séparées.

« Rien n'est si contagieux que l'exemple, et nous ne faisons jamais de grands biens ni de grands maux qui n'en produisent de semblables », dit La Rochefoucauld dans ses Maximes. Ce qu'écrivait au XVIIe siècle ce grand philosophe est d'une actualité frappante de nos jours.

Nous ne parlerons pas des grands maux ; ils seraient peut-être trop de circonstance actuellement et n'entreraient pas dans le cadre de notre sujet. Nous retiendrons seulement les grands biens, tels que ceux faits par M. Peabody en Amérique et en Angleterre, qui ont d'abord suscité des apôtres comme Miss Octavia Hill dans ses améliorations des logements ouvriers, et ont été imités en France par de généreux donateurs, dont nous regrettons de ne pouvoir citer tous les noms.

Nous rappellerons seulement les donations de M. le comte de Chambrun de 50,000 fr., de Mme Cornil de 10,000 fr., de l'attribution de 3,000 fr. de rente obtenue sur le legs Giffard, de M le vicomte de Dijeon, et de MM. Armand et Michel Heine, par l'entremise et la généreuse instigation de M. Jules Simon.

M. Michel Heine, à Paris, à l'instar de M. Peabody, a fait une donation de 765,000 fr. dans le même but, avec lesquels on a construit trois immeubles renfermant 138 logements de famille, dont le prix de location varie de 143 à 350 fr. Tout est loué et donne depuis 1892 une entière satisfaction.

Ces donations ayant été faites pour la plupart, en faveur de la construction de grandes maisons, il serait à désirer que le prochain donateur puisse être convaincu de l'utilité des petites maisons avec jardin, pouvant être acquises par l'ouvrier, et vienne à les favoriser tout spécialement. Car c'est là l'habitation normale de l'homme, celle que l'on trouve à l'origine des sociétés ; c'est la vraie maison de famille, tandis que la grande maison n'est qu'une déviation du type naturel de l'habitation humaine. Mais que dis-je ? ce prochain donateur existe. C'est M. Féron, administrateur de l'Hospice de Dunkerque qui, l'année dernière, le 19 juin, a fait don à cet établissement de huit maisons avec jardins, formant quatre types différents, afin de pouvoir choisir ensuite le plus avantageux pour de nouvelles constructions.

Dans 12 ou 14 ans, les loyers capitalisés permettront de construire huit nouvelles maisons ; en sorte que, dans 60 ans, cinq cents maisons, qui n'auront rien coûté à l'Hospice, lui rapporteront 100,000 fr. par an.

Voilà donc ce qu'a fait M. Féron ; c'est une œuvre sans précédent ; il en a fait bien d'autres, et je suis heureux de pouvoir proclamer son nom, après M. Georges Picot, qui a présidé à l'inauguration de ces maisons ouvrières à Rosendael. Il ne reste donc plus qu'à lui trouver des imitateurs dans notre belle France si riche et si généreuse.

Si nous jetons un rapide regard sur les autres pays, faute de semblables donations, nous constaterons néanmoins de généreuses initiatives. Sans quitter le Nord, mais en nous éloignant un peu des rivages de Dunkerque et en passant la frontière, nous trouvons à Anvers 167 maisons ouvrières, élevées sur un terrain appartenant au Bureau de bienfaisance, à Stuivenberg, dans un endroit déshérité où la population pauvre se portait de préférence.

On a fait construire là une première cité, sur un terrain estimé 4 fr. 50 le mètre. Ces 167 maisons ont coûté 592,000 fr., soit 3,500 fr. en moyenne. Elles rendent 33,600 fr., c'est donc du 5 0/0.

Le Bureau de bienfaisance a construit ensuite trois autres cités dans divers quartiers. N'est-ce pas un des meilleurs emplois que puissent faire de leurs revenus ces établissements charitables, et ne devons-nous pas envier chez nous la loi belge qui les autorise ?

Nous trouvons encore à Anvers un comité de patronage des habitations ouvrières et une société anonyme de crédit pour les mêmes habitations, dite *Eigen-Haard*, et à Namur, le *Crédit Namurois*, pour la construction d'habitations semblables. Nous pourrions citer aussi les habitations ouvrières de Bruxelles, d'Ixelles, Saint-Josse-ten-Noode, de Molenbeek, Saint-Jean, Saint-Gilles, etc.

La Belgique avait déjà en 1888 sept compagnies de formées, ayant construit 869 maisons, abritant 1,863 ménages et 8,547 personnes. La dépense s'élevait à huit millions.

Ces constructions ont dû s'augmenter de beaucoup depuis cette époque, et le Congrès des habitations ouvrières qui doit avoir lieu à l'heure actuelle à Anvers, à l'occasion de l'Exposition universelle, nous démontrera certainement que la Belgique est une des nations où la question des logements à bon marché est la plus avancée.

Dans la Hollande, les faubourgs de presque toutes les villes sont remplis de maisonnettes avec jardins, habitées par des ouvriers. La location est en moyenne de 300 fr. pour deux chambres. Malgré ce prix trop élevé, les ouvriers se les disputent et les préfèrent à leurs anciens logements sordides, dans les combles des maisons bourgeoises ou dans des sous-sols sombres et humides.

L'Ecosse possède une loi à peu près semblable à la loi anglaise, sous le rapport sanitaire, pour améliorer le logement de l'ouvrier. Elle fut modifiée en 1880 et 1885.

En Irlande, aux termes de l'Act du 25 août 1883 dont l'existence a été limitée à 5 ans, et par l'Act du 14 août 1885, toute maison reconnue insalubre peut être acquise par l'Autorité et démolie.

Dans la Suède et la Norwège on ne trouve aucune loi spéciale aux habitations ouvrières, elles suivent la loi commune pour tous les genres de constructions.

Mais en 1850, la Norwège fut éprouvée par une épidémie de choléra qui éveilla l'attention et la pitié des Autorités. Pour diminuer le mal, on améliora de suite les misérables taudis où les pauvres de la classe ouvrière étaient réduits à se loger. Une société par actions fut organisée à Christiania. Bientôt sept maisons saines et bien situées s'élevaient au centre de la ville, offrant 464 logements pouvant abriter environ 2.000 locataires. Ces maisons représentaient une valeur de 1,285,600 fr. et rendaient 96,200 francs.

En Allemagne, les petits logements étaient dans un état déplorable. Après de nombreuses tentatives on arriva à d'importants résultats.

Un Congrès sur la question des petits logements, qui fut organisé en 1892 à Berlin, par la Société allemande d'économie sociale, exposa des plans d'habitation ouvrières et rurales.

On y montra ce qui avait été fait pour loger les ouvriers, par l'Etat, les départements, les municipalités, Caisses d'épargne, sociétés d'assurances, sociétés diverses, industriels et particuliers.

L'Etat a fait beaucoup, soit par des lois protectrices, autorisant les

Caisses de retraite et d'invalidité à faire des prêts, soit en cédant des terrains gratuitement ou à prix très réduits, en procurant à bas prix des matériaux de construction, en allouant des primes, en prêtant sans intérêt des capitaux remboursables par annuités, pour construire sur des plans approuvés. C'est ce dernier procédé qui a le mieux réussi et qui a rendu un grand nombre d'ouvriers propriétaires de la demeure qu'ils habitaient.

Les départements et les communes ont peu fait sous ce rapport.

Les Caisses d'épargne n'ont guère employé leurs fonds à cet objet. On ne peut citer que la Caisse d'épargne de Strasbourg qui a construit des maisons ouvrières pour son compte personnel.

Les sociétés d'assurances se sont bornées à accepter des obligations hypothécaires émises par des sociétés de construction.

Ce sont les industriels allemands qui ont le plus fait pour loger convenablement les ouvriers, notamment M. Krupp, créateur de la ville d'Essen, composée presque en entier de maisons habitées par le personnel du célèbre fabricant de canons.

Les Compagnies de chemins de fer et un grand nombre d'industriels en ont fait autant.

Des sociétés diverses ont établi de nombreuses habitations ouvrières. La Société de construction de Berlin compte actuellement 930 membres, on a construit 99 maisons valant 1,200,000 marks.

Les particuliers y ont également contribué et de généreux donateurs ont suivi le système de Peabody à Londres, et de l'association philanthropique à Paris, en affectant le produit net des loyers à l'établissement de nouvelles constructions. Un autre prête aux constructeurs de petits logements les capitaux nécessaires, jusqu'au moment où leurs immeubles présentent une garantie suffisante aux établissements de Crédit foncier.

On emploie souvent les dames pour toucher les loyers ; enfin, malgré tout ce qui a été fait en Allemagne, pour l'amélioration du logement ouvrier, c'est encore en France qu'on peut trouver les modèles d'habitations ouvrières ; leur accroissement seul laisse à désirer.

Au Danemark, la prospérité s'est affirmée à Copenhague ; des associations sont arrivées, depuis 1860, à fournir des logements à 13 0/0 des classes indigentes, et à 4 0/0 de la population.

En Russie, l'autorité municipale de Saint-Pétersbourg s'est montrée préoccupée, depuis longtemps déjà, de la question des petits logements ; il existe, dans la Capitale, une commission d'hygiène et des logements insalubres ; mais aucun texte législatif n'a encore paru, ni aucune organisation de constructions ouvrières ne s'est fondée, que nous sachions.

En Autriche-Hongrie, à Budapesth, la Ville a cru devoir céder des terrains à une Société, pour y construire des logements à bon marché. Elle s'est attirée un blâme à ce sujet.

A Vienne, la municipalité s'est bornée à donner son approbation aux Sociétés de construction d'habitations à bon marché, qui se sont fondées dans ces dernières années. Il y a cependant beaucoup à faire en Autriche, car les logements sont déplorables. Le besoin de l'intervention de l'autorité s'y fait sentir depuis longtemps et, si une loi n'est pas encore établie en ce moment, nous savons néanmoins que la Chambre des députés est saisie, depuis 1889, d'une proposition qui tend à décharger, pendant trente années, de l'impôt sur les contributions, les communes, les sociétés et les particuliers qui se proposent d'élever des constructions saines et à loyer à bon marché. Les caisses d'épargne ont depuis longtemps fait des prêts hypothécaires considérables aux propriétaires fonciers.

C'est en Italie que ces établissements de prévoyance se sont véritablement transformés, pour se mettre au service de toutes les œuvres ayant pour but l'amélioration du sort des classes ouvrières.

A Milan, en particulier, on trouve des maisons ouvrières très bien comprises, ainsi que dans les principales villes. On y compte 69 sociétés formant plus de 20 millions.

La ville de Rome a depuis longtemps signé une convention tendant à construire, près de Monte-Testaccio, des maisons ouvrières pour 20.000 individus. En 1887, il y avait déjà 4.000 habitants environ de logés.

Plus tard, c'est l'Etat qui intervient activement et facilite la construction d'habitations à bon marché, par des concessions de terrains cédés à très bas prix, en vertu d'une loi spéciale.

Gênes alloue des sommes considérables pour le même but.

A Bologne, c'est la Caisse d'épargne qui prête son concours financier à différentes sociétés de construction. S. M. le Roi d'Italie se fait même l'un des plus généreux souscripteurs.

En Espagne, on remarque surtout, à Barcelone, une société immobilière au capital de 2 millions, qui a acheté de vastes terrains à côté des centres manufacturiers, qu'elle couvre de ces habitations. Chaque maison, qui ne coûte que 3.000 fr., comprend quatre pièces et est surmontée d'une terrasse.

En Suisse, nous citerons M. Petitpierre-Steiger, conseiller d'Etat, qui a construit lui-même, à Neuchâtel d'abord, six, puis dix maisons, à raison de 5.000 fr. l'une. Elles sont louées 250 fr. par an, soit 4 0/0 d'intérêt et 1 0/0 pour les réparations. Ce sont des maisons doubles qui se tiennent au frais en été et au chaud en hiver. Chacune a sa cuisine et trois chambres et un petit jardin. En fait de loi, la Suisse n'en fournit aucune d'un caractère fédéral ; chacune des petites républiques qui constituent la Fédération Helvétique ayant sa législation spéciale à cet égard. On n'y trouve guère à citer, dans le canton de Vaud, qu'une loi du 22 mai 1875, sur la police des constructions; nous croyons qu'à Genève, il se forme une société en ce moment.

Comme on le voit, presque tous les pays européens se sont occupés de la question des habitations à bon marché; mais il faut traverser l'Océan pour trouver les plus grands résultats.

Tandis que la coopération de consommation n'a pas encore pénétré dans la vie de l'ouvrier, sauf quelques essais en divers états, les sociétés coopératives de construction se sont répandues presque partout dans les Etats-Unis, avec un succès prodigieux. Ces sociétés reçoivent en dépôt les épargnes des petites bourses et leur servent 5 et 6 0/0 d'intérêt; puis elles achètent des terrains et construisent des maisons qu'elles louent un prix comprenant une fraction de l'amortissement, permettant ainsi aux locataires de devenir propriétaires de leur habitation, après un certain nombre d'années de location. La plus-value des terrains construits et peuplés rend l'opération très avantageuse pour la société et ses adhérents. Elle permet à ceux-ci de faire un simple placement de leurs épargnes, pouvant toujours être retirées; tout en leur montrant un plus grand avantage à laisser ces épargnes en dépôt et à les compléter petit à petit pour l'acquisition de leur demeure, leur prêtant, en vue de cette continuité d'épargne, au taux d'intérêt ordinaire.

Nous pourrions citer un autre genre d'association qui se pratique à Philadelphie, entre les propriétaires de lots de terrain et les principaux ouvriers de la bâtisse. On convient que la maison sera la propriété collective des différents associés et qu'on se partagera le produit des locations. Cette combinaison est très utile aux ouvriers du bâtiment, aux epoques où les entreprises de construction se ralentissent.

Mais le système le plus répandu est celui des sociétés populaires de crédit mutuel, appelé *Building Societies*.

Les statistiques de 1888, les plus récentes que nous ayons, indiquent dans le Massachusetts 66 sociétés semblables, avec 983,202 compte-ouverts, un mouvement de fonds de 5 millions et demi de dollars, en augmentation annuelle constante. La plus riche, *Pioneer Cooperative Bank*, avait encaissé dans l'exercice 750.000 fr., comptait 776 membres dont 170 avaient reçu des prêts.

Dans les autres Etats de l'Amérique: le Maine, New-Jersey, New-York, dans l'Ohio, l'Illinois, le Michigan, le Minnesota et jusqu'en Californie, le même succès se produit.

C'est surtout en Pensylvanie où la diffusion a été prodigieuse; elle comptait 900 Building and Loan Associations avec un capital-actions de 60 millions de dollars, plus de 300 millions de francs. La seule ville de Philadelphie avait déjà plus de 600 sociétés, avec 75.000 membres et 400 millions de francs de capital accumulé.

Sur une population de 900.000 habitants, 50 à 60.000 ouvriers sont propriétaires de leur maison. Il y a à Philadelphie actuellement 172.256 maisons de deux ou trois étages (rez-de-chaussée compris) qui ont coûté de 1.000 à 3.500 dollars. Il en résulte que, sur les 200.000 familles qui habitent cette ville, les sept huitièmes possèdent leur maison. Au total, on évaluait en octobre 1888, aux Etats-Unis, à près de 3.500 le nombre des Cooperatives Building and Loan Associations; leur capital à 300 millions de dollars, soit plus de 1.500 millions de francs; l'épargne fixée par elles, sous forme de maisons et terrains en 40 ans, de 500 à 750 millions de dollars, soit 2 milliards et demi de francs au moins.

Les *Cooperative Building and Loan Associations* ont des journaux à elles; la presse entière s'y intéresse et le *Star*, de New-York consacre presque tous les jours une colonne à l'explication du système. N'y a-t-il pas là un bel exemple pour notre presse française?

Quelle est donc cette coopération merveilleuse, dont le système si longtemps éprouvé par tant de personnes, à donné des résulats si prompts, si universels, si considérables?

Comment se fait-il que tant de gens à faibles ressources en usent et que les insuccès soient si rares?

Pourquoi en France a-t-elle été si peu comprise et si peu essayée?

C'est ce que nous allons tenter d'expliquer.

Une *Building Society* est une société formée par des actions payées au moyen de versements mensuels (dit Claudio Jannet dans ses *Etats-Unis contemporains*), elle fait à ses membres des prêts remboursables par des paiements mensuels aussi, jusqu'à concurrence de la moitié ou du tiers des actions qu'ils ont souscrites. Ceux qui n'empruntent pas bénéficient des profits réalisés par la Société. Ils peuvent toujours retirer avant le temps, moyennant une commission, le montant de leurs versements. C'est donc en même temps une sorte de Caisse d'épargne. La Société distribue le produit de ses opérations aux associés au bout d'une certaine période.

Ces combinaisons leur facilitent souvent l'achat de maisons, de là leur nom. Les lois de Pensylvanie offrent certains privilèges légaux à ces sociétés, à la condition que les versements mensuels ne dépassent pas 2 dollars par action et que le nombre des actions ne s'élève pas au delà de 2.500.

On ne gagne rien, a-t-on remarqué, à ce que le nombre des sociétaires soit trop grand. Leur condition de réussite est la confiance réciproque, t elle n'est possible qu'autant que la Société ne s'étend pas trop.

La période de payement des actions, comme le remboursement des prêts, est fixée à huit ou neuf ans ; cet amortissement énergique présente de grands avantages.

Pour acquérir la propriété par de petits paiements prélevés sur les salaires courants, les Building and Loan Association ont prouvé qu'elles étaient le meilleur système. Elles mettent leurs membres à même d'acheter au prix du comptant, ce qui est un grand avantage.

L'emprunteur rembourse l'association par des paiements mensuels qui s'étendent habituellement sur une période d'environ huit ans et qui, par conséquent, représentent à peu près 1/2 0/0 par mois, soit 6 0/0 par an. L'association lui a permis de devenir propriétaire, par des paiements, qui la plupart du temps ne dépassent pas un loyer ordinaire. Supposons qu'un homme, qui a payé jusque-là 18 dollars par mois de loyer, prenne 12 actions dans une Building and Loan Association. La valeur de chaque acion doit être de 200 dollars, quand elle sera arrivée au dernier paiement, soit pour les 12 = 2.400 dollars. L'association lui fait un prêt de 2.400 dollars, en déduisant une prime d'amortissement, qui sera de 40 0/0. Notre homme reçoit donc actuellement 1.440 dollars, avec lesquels il achète la maison dans laquelle il vit et qui lui aurait bien coûté 2.000 dollars, s'il l'eût achetée d'après la méthode des paiements mensuels. Il paie à l'association 6 0/0 d'intérêt sur 1.400 dollars, soit par mois, 7 dollars 27 cents. En même temps il accumule un fonds d'amortissement pour l'extinction du principal de la dette ; or, la dette viendra à exigibilité précisément quand ce fonds, qui, grâce à l'intérêt composé et à des profits occasionnels, croît aussi rapidement que possible, sera devenu assez grand pour la compenser. Il verse à ce fonds 12 dollars chaque mois à titre de versement sur les 12 actions souscrites. Au bout de 8 ans, ses actions auront atteint leur pleine valeur de 200 dollars chacune, en tout 2.400 dollars. Sa dette, qui était de 2.400 dollars, est maintenant éteinte. Il a payé en réalité 1.152 dollars sur ses actions.

L'association a placé à intérêt chaque dollar à son bénéfice, en faisant des prêts mensuels avec tout l'encaisse qu'elle avait, et l'intérêt composé marche vite. Les intérêts et les versements sur les actions que notre homme a eu à faire, se montaient à 19 dollars 20 cents par mois, soit un peu plus que le loyer qu'il avait à payer précédemment. *A la fin des 8 ans, il est propriétaire et libre de dettes.*

On sait qu'il y a de grands profits à faire, en plaçant immédiatement les épargnes amassées périodiquement, d'un grand nombre de personnes, quand d'ailleurs, il n'y a point de frais d'administration et que chaque déposant perçoit le bénéfice intégral de ses gains.

Si 500 personnes ont souscrit en moyenne 10 actions chacune, elles constituent une association, qui a chaque mois à placer 5.000 dollars sur les versements des associés, en outre de l'intérêt payé mensuellement sur tous les prêts qu'elle a consentis.

L'argent est prêté à ceux qui en donnent le prix le plus élevé, sur la garantie d'un nombre suffisant d'actions et avec un gage suffisant sur la propriété sur laquelle l'argent doit être employé.

Il y a toujours des membres qui désirent retirer tout ou partie de leur argent, avant que leurs actions soient arrivées à terme et à leur pleine valeur. Une part des profits accumulés doit être abandonnée à l'association, au cas de ces retraits et les actions des membres restants atteindront, grâce à cela, plus vite, leur pleine valeur de 200 dollars ou de tout autre chiffre qui a été fixé. Ces associations permettent au pauvre homme, au simple travailleur, d'emprunter pour un placement rationnel, au taux d'intérêt ordinaire et de se libérer facilement par fractions. Elles sont, en même temps, la caisse d'épargne la plus avantageuse, pour ceux qui ne veulent pas empruuter sur leurs actions et peuvent ne pas toucher à leurs accumulations, jusqu'à ce qu'elles arrivent à maturité. A Minnéapolis, les règlements ne permettent pas les prêts ou *ventes de monnaie*, à moins de 30 0/0 de prime d'amortissement. Mais cette régle n'est pas nécessaire : car l'enchère est toujours active, et tout l'argent disponible est prêté facilement, avec des primes variant de 40 à 45 pour cent. L'intérêt est fixé à 6 0/0 sur les sommes nettes, touchées par les emprunteurs, qui ont un mois pour donner un gage suffisant au bureau des administrateurs et pour accomplir toutes les formalités.

S'il veut construire une maison, on lui permet de faire sur sa propriété, des emprunts par fraction, au fur et à mesure que les progrès de la construction augmentent la garantie.

Les membres qui n'ont pas emprunté sur leurs actions et qui désirent retirer l'argent qu'ils ont déposé, ne touchent pas d'intérêt pour les douze premiers mois. Du 12e au 36e mois, l'intérêt est compté au 7 %. Après la troisième année, les membres qui se retirent reçoivent les gains nets réalisés sur leurs actions sous déduction de 4 %.

Les emprunteurs qui désirent rembourser leurs emprunts avant la maturité de leurs actions sont, d'après les statuts, « débités du montant total de l'emprunt et de la prime d'amortissement, et crédités : 1° du 9e de la prime pour chaque année à courir jusqu'à la 9e; 2° des versements opérés et des intérêts ou profits réalisés effectivement sur ces versements. » Cette reconnaissanse, aux emprunteurs, des *primes non gagées*, comme on les appelle, est un des traits les plus importants de la Société l'Hennepin County Catholic Building and Loan Association, l'une des plus remarquables de Minnéapolis. D'après le même principe, les membres qui empruntent sur des actions qui ont plus d'un an obtiennent un rabais sur la prime d'amortissement pour chaque année courue sur la série. Cette prime est regardée comme un escompte, pour une durée de 9 années, et, si l'emprunteur reçoit de l'argent pour un terme plus court, le montant de cet escompte est réduit d'autant. L'association a commencé en 1884 avec 85 membres, la moyenne de l'accroissement de ses membres a été de 135 par an; mais la progression a été bien plus rapide depuis 5 ans.

Le nombre total des certificats délivrés aux membres a été de 1,691. Les recettes, qui furent en août 1884 pour le 1er mois de 137 dollars 50 c., ont atteint en août 1886 près de 9,000 dollars.

L'accroissement des affaires n'entraine pas un accroissement proportionnel des dépenses. L'année dernière, un chiffre d'affaires de 112,000 dollars n'a coûté que 1,000 dollars de frais d'administration. Pour les couvrir, chaque membre paye 5 cents par mois, ce qui met les versements mensuels, pour chaque action, à 1 dollar 5 cents. C'est plus qu'il ne faut, mais le surplus est placé au bénéfice de l'association. Quelques uns de ses membres sont des hommes d'affaires riches et bien posés; mais 99 °/₀ des membres sont des gens qui ont fait leurs versements, au moyen de prélèvements faits sur des épargnes gagnées péniblement, et qui appartiennent à la classe des salariés.

En supposant que les prêts soient en moyenne de 1,000 a 1,200 dollars chacun et que tous aient pour but l'acquisition d'une habitation (par achat, par construction ou par remboursement d'hypothèques précédentes), le revenu de l'association est maintenant assez élevé pour procurer chaque année à *cent familles* le moyen de devenir propriétaires de leur foyer. Sur 600 prêts qui ont été faits jusqu'ici, le plus grand nombre ont eu, en réalité, pour objet de mettre des ouvriers à même d'acquérir la maison qu'ils occupent. Voici quelques exemples:

Il y a plusieurs années, dit toujours M. Claudio Jannet, un homme dissipateur et d'habitudes inconstantes se laissa persuader de devenir membre de l'association. Il faisait vivre sa famille sur un salaire de 60 dollars par mois. Il prit 5 actions et au début éprouva de grandes difficultés à économiser les 5 dollars 25 cents de ses versements mensuels. Ses habitudes s'améliorèrent et il souscrivit 5 nouvelles actions l'année suivante. Il porta successivement sa souscription à 15 actions la 3e année, à 20 la 4e et à 25 la 5e. Il avoua qu'il lui était maintenant plus facile de faire ses versements sur 25 actions qu'au début sur 5. Il tira 1800 dollars de l'association et les employa à payer une maison.

M. Scallen parle aussi d'un homme qui nourrissait sa femme et cinq enfants avec un salaire de 1 dollar 75 cents par jour. Il possédait une maison et un lot de terrain hypothéqué pour 500 dollars, sur lesquels il payait 10 °/₀ d'intérêt. Il lui était très difficile de payer tous les six mois. Il entra dans l'association, prit 10 actions, sur lesquelles il emprunta la somme nette de 1,120 dollars. Il remboursa son hypothèque et, avec les 620 dollars restant, il ajouta à sa maison, qui avait 3 pièces, une construction de 6 pièces. Il en loua 5 pour 18 dollars par mois à une autre famille. Ses paiements mensuels à l'association, y compris l'intérêt, montaient à 16 dollars 10 cents, soit 1 dollar 90 de moins que ce qu'il touchait comme propriétaire. La différence lui suffisait pour payer les taxes. C'est ainsi que cet homme acheva de payer ses actions et d'acquérir ainsi la propriété de sa maison, sans toucher à son salaire.

Ces exemples font toucher du doigt le mécanisme de l'opération. D'autres montreraient que les membres qui n'empruntent pas arrivent à retirer de leur argent un bénéfice d'environ 20 %.

Un calcul exact prouve que les membres qui empruntent ont payé généralement 8 % pour le loyer de la somme nette qu'ils ont touchée. Mais la prime dont ils ont été chargés est contrebalancée par les profits qu'ils réalisent sur leurs paiements mensuels. A Minnéapolis, l'emprunteur a gagné beaucoup à cause de la plus-value rapide des terrains. Fréquemment sa propriété a doublé ou triplé de valeur pendant la durée de l'opération. Il n'y a pas d'exemple de perte dans l'association et les saisies-exécutions lui ont été pratiquement inconnues.

L'auteur de cet article donne des détails sur le fonctionnement de deux autres banques populaires sur le même plan et qui donnent des résultats aussi avantageux. Il expose ensuite le mécanisme de 5 Building and Loan Associations de Minnéapolis, fondées récemment, qui procèdent différemment. Chaque membre, en donnant un gage suffisant, peut recevoir, dès le premier jour de sa souscription, un prêt égal à la moitié de la valeur de ses actions. Le prêt est fait sans aucune déduction, mais l'emprunteur paye chacun des 100 mois (8 ans et 4 mois), que dure l'opération, une prime d'amortissement ajoutée à l'intérêt. La mise aux enchères des prêts, qui porte en réalité sur l'augmentation de la prime d'amortissement, est supprimée.

Ce système est plus facilement compréhensible que le système de Philadelphie, pour les personnes peu au courant de la comptabilité, et c'est ce qui l'a fait préférer par ces nouvelles associations; mais l'intérêt supporté par les emprunteurs est, en définitive, plus élevé, parce que la prime d'amortissement est payée graduellement, au lieu de l'être d'avance.

Cette variété même de combinaisons facilite la multiplication des *Banques populaires* et développe l'éducatien économique des classes ouvrières.

Voici une explication simplifiée des *Building Societies* qu'en a faite M. Eugène Rostand :

Il y a deux systèmes, dit-il : 1° Le système d'épargne et de prêt coopératif pour permettre au coopérateur de construire ou d'acheter;

2° Le système de construction coopérative pour vendre ou louer aux coopérateurs.

M. Linn ferait remonter le premier système à 1781, à Birmingham.

La gloire de l'invention serait donc à l'Angleterre ; l'Amérique se l'assimila plus tard.

Une *Building Society* est composée de coopérateurs dont les uns sont actionnaires simples et les autres joignent à cette qualité celle d'emprunteurs pour bâtir.

A l'actionnaire simple, elle facilite l'épargne par de petits versements mensuels sur l'action, comme dans nos coopératives et par un dividende servi sur les bénéfices des opérations générales.

A l'actionnaire emprunteur, elle prête une somme qui ne peut excéder le montant des actions souscrites et sans attendre leur libération, pourvu que l'argent soit affecté à une habitation pour la famille ; elle facilite l'amortissement de ce prêt et dès lors l'acquisition de la propropriété du *home*, soit par les versements mensuels sur les actions, soit par le dividende réparti.

Ainsi, celui qui veut se bâtir une maison prend un nombre d'actions égal au montant de l'emprunt dont il a besoin et s'engage à libérer ses actions par des versements mensuels, qui comprennent le principal et l'intérêt de la somme empruntée.

Ne croyez pas l'opération chanceuse pour la Société. Elle a comme garantie : les actions souscrites par l'emprunteur, en outre, sur l'immeuble une hypothèque qui tombe quand la libération complète des actions a complètement amorti le prêt.

Entre plusieurs demandes d'emprunt, la Société se prononce par une sorte d'enchère de la somme à avancer adjugée à celui qui donne l'intérêt le plus fort, ou par voie de tirage au sort.

Les Buildings sont les unes permanentes, les autres temporaires, pour un nombre d'années ou jusqu'à ce que chaque membre ait pu obtenir un prêt.

Les actions sont d'importance variée, depuis une livre (25 fr.) jusqu'à 50 (1250 fr.). Le type préféré des ouvriers est celui qui va de 1 à 10 livres (de 25 à 250 fr.). Pour des raisons de convenance, certaines Sociétés fixent à 3750 fr. le maximum que peuvent atteindre les versements de placement d'un membre (capital et intérêts). Lorsque ce chiffre est atteint, l'actionnaire est tenu de retirer sa mise. La Société craint d'être débordée par l'abondance des capitaux diponibles.

Voici une autre explication du mécanisme des Buildings, qui achèvera peut-être de le faire bien comprendre. Je la trouve dans l'ouvrage si intéressant de M. Arthur Raffalovich : *Le logement de l'ouvrier et du pauvre*. Un certain nombre de personnes forment une corporation en se conformant aux prescriptions légales et émettent des actions d'une valeur finale de 1000 fr., par exemple, sur lesquelles le détenteur fait un versement mensuel de 5 fr. par action. La somme reçue en versements mensuels, plus les amendes de retard et les intérêts sur les avances, est vendue aux enchères au plus fort enchérisseur.

Les offres expriment la prime que les emprunteurs veulent bonifier, en dehors des 6 pour 100 d'intérêt, pour avoir l'usage de l'argent. L'emprunteur donne ses actions en gage pour le prêt et une hypothèque sur la propriété qu'il désire acheter. L'intérêt se paie par mois ainsi que les versements de libération sur les actions, sans diminution jusqu'à libération complète. Le montant de celles-ci une fois libérées égale celui de l'avance, et par suite l'hypothèque est annulée. L'emprunteur paie un intérêt élevé, mais les bénéfices, au-delà des frais généraux modiques de l'association, lui reviennent comme actionnaire, et il a le grand avantage de s'acquitter par mois en petites sommes. Les actionnaires, qui n'empruntent pas, reçoivent un intérêt de 6 pour 100 l'an, plus le bénéfice résultant des primes.

Cette description s'applique aux associations d'avances et de construction du Massachusetts où elles ont été légalisées par une loi votée en 1877. Elles sont vérifiées chaque année par des contrôleurs de l'Etat qui font un rapport sur leur degré de prospérité.

Nous serons heureux si ces trop longues explications ont pu apporter un peu de clarté dans les combinaisons des Buildings. Malgré leurs succès prodigieux, nous ne les donnerons pas comme une solution radicale, une formule générale. Les maladies sociales n'ont pas de panacée et les remèdes qu'elles réclament varient suivant les pays et surtout avec la classe à laquelle ils s'adressent.

La loi sur les habitations à bon marché, déjà adoptée en France par la Chambre, sans contradiction et sans débat, que nous attendons du Sénat, avec impatience, sera un puissant moyen d'émulation. En faisant profiter les employés, ouvriers et artisans qui veulent avoir accès à la propriété et les Sociétés qui se constitueront en vue de les y conduire d'immunités ou de dégrèvements fiscaux en partie temporaires, en facilitant l'accession et la conservation de la propriété à l'ouvrier, en le prémunissant contre les risques de la vie, par l'assurance ; en conservant, en cas de mort du père, l'habitation à la famille, l'Etat aura déja ouvert le nœud de cette question sociale. Il appartiendra aux philanthropes, aux patriotes, aux ouvriers eux-mêmes, par la coopération, de le dénouer complètement.

L'Angleterre et l'Amérique nous montrent un système qui leur a réussi. L'Italie l'a essayé à Milan avec succès, Marseille l'a inauguré en France avec une pleine réussite. Chercherons-nous de vaines objections de mœurs et coutumes étrangères pour excuser notre apathie, notre indifférence ? Ce serait avouer une incapacité de faire aussi bien. Cherchons plutôt à faire mieux, si possible. Les Caisses d'épargne, bientôt autorisées par la loi soumise au Parlement, viendront nous apporter l'appui de leurs disponibilités. L'assistance publique, pour prévenir les misères qu'elle a à soulager, apportera son contingent. Ne voyons-nous pas un certain nombre de Bureaux de bienfaisance en Belgique, tels que ceux d'Anvers, de Nivelles, de Mons, de Wavre, de Gand, qui ont employé une partie de leurs capitaux aux constructions ouvrières, pensant avec raison que l'amélioration des logements aurait pour résultat, la diminution de la misère ?

Ne trouvera-t-on pas, dans les Sociétés de Secours mutuels, dans les associations coopératives, dans les nombreux épargnants des Caisses d'épargne, des partisans de la propriété pour tous et accessible à tous ou tout au moins au plus grand nombre ? Déjà la France est un peuple de propriétaires, nous dit M. Boutin, l'éminent Directeur général des Contributions directes. La majorité des familles françaises sont logées chez elles. Trois fois sur cinq en France, si vous demandez aux hôtes d'une maison à qui elle appartient, ils répondront : « elle est à nous. » La statistique donne en effet 65 0/0 y compris les villes où il n'y a guère que des locataires. Sans les villes, la proportion des propriétaires va jusqu'à 73 0/0.

C'est dans l'Est et surtout dans le Midi où la maison habitée par son propriétaire est la plus nombreuse.

Mais c'est dans les villes que nous devrions éviter l'entassement qui se produit dans le monde entier et dont ne sont même pas exemptes les nouvelles villes qui surgissent comme par enchantement dans les Etats-Unis, où l'on voit des maisons de vingt étages, comme la Building du temple maçonnique de Chicago.

Si nous ne pouvons éviter cela dans l'intérieur de nos cités, nous le pouvons dans leurs alentours. Nous recevons fréquemment, nous dit la Société française des habitations à bon marché, des lettres ouvrières à peu près toutes conçues en ces termes :

« Mon loyer est cher, le local est étroit, les enfants sont nombreux, ils s'étiolent ; nous rêvons, ma femme et moi, une maisonnette avec jardin, à quelque distance de la ville. Il y aurait plus à marcher, peut-être un sacrifice d'argent à faire ; mais nous sommes prêts à tous les sacrifices dans l'intérêt des enfants. »

Que d'employés, que d'ouvriers, s'ils ne l'écrivent pas, ont les mêmes aspirations ! Je connais particulièrement, vers la banlieue de Lyon, dans la Cité Tête-d'Or, qu'ils ont fondée, plusieurs centaines d'ouvriers, principalement de la bâtisse, qui, sans le secours de Buildings, ni de Banques populaires, presque sans aucun crédit, avec des ressources problématiques, sont arrivés à se créer leur habitation, par leur bonne volonté et leur persévérance. Comment ont-ils fait ? Un maçon, uu charpentier ou menuisier et un serrurier se sont réunis. Je ferai la maçonnerie de nos trois maisons a dit l'un ; l'autre, je ferai la chare pente, les portes et les fenêtres et toutes les boiseries ; le troisième, je ferai les ferrures et je me charge de la toiture. Ils ont uni leurs faibles ressources pour payer les matériaux, et leurs mains-d'œuvre ont été employées, sans nuire à leurs professions, les jours de chômage. Les trois maisons étaient construites et les trois propriétaires en prenaient possession. D'autres ont suivi l'exemple. Que d'autres les imiteraient, me disais-je souvent en les voyant faire, si quelques banques populaires venaient les y encourager, s'ils trouvaient, dans une sorte de Building, le crédit et la facilité de s'acquitter mensuellement, sur leur paie, par de petits à compte. C'est, je crois, là le moyen de faciliter en France l'acquisition de petites maisons d'habitation. C'est la coopération seule qui peut atteindre ces immenses résultats dont nous avons parlé.

M. Jaurès, le député socialiste qui fait tant de bruit en ce moment dit ceci :

« Nous voulons faire que tous les instruments de production, terre, mines, capitaux, deviennent la propriété des travailleurs affranchis et organisés. »

Mais n'est-ce pas à ce but que tend la coopération, par l'association pour la production, la consommation, le crédit et la construction. N'arrivera-t-elle pas au même but, de faire passer peu à peu l'industrie commerciale, industrielle, banquière, les capitaux, les mines et les maisons, à ceux qui s'en servent, aux mains des consommateurs, du public, de tout le monde ?

La coopération n'a besoin pour cela, ni de supprimer, ni d'exproprier personne. Elle n'a pas besoin pour cela de moyens révolutionnaires et illégaux. Laissons aux bourgeois les richesses qu'ils ont pu acquérir, qu'ils les gardent ; nous en créerons d'autres.

Nous sommes donc d'accord sur le but, sinon sur les moyens.

Nous préférons créer au lieu de détruire.

Un mouvement en faveur de ces constructions ouvrières semble se dessiner actuellement en France. Il a été déjà fait de nombreux essais dans diverses villes. Je ne pourrais les citer toutes dans ce rapport déjà trop long. D'autres rapporteurs à notre Congrès de la propriété bâtie de France, plus autorisés que moi, sauront mieux vous les décrire. Je citerai seulement quelques villes qui se sont occupées spécialement de la maisonnette avec jardin.

En 1891, à Paris, la Société anonyme des habitations économiques de Saint-Denis, au capital de 400.000 francs, a construit à la fois des maisons à étage et de petites maisons dites : La Ruche.

A Passy-Auteuil, la Société des habitations ouvrières, qui a pour but : la construction de petites maisons salubres et à bon marché dont le locataire peut devenir propriétaire en 20 ans (Système de Mulhouse) a obtenu la médaille d'or à l'exposition d'Economie sociale de 1889.

Dans le XIIIe arrondissement de Paris, une Société coopérative, ayant pour base d'opérations la capitale et la banlieue, est en formation, sur l'initiative de M. Le Duc, architecte.

A Marseille, la Pierre du Foyer, Société coopérative de constructions avec jardins, système des Building Societies, à laquelle doit s'adjoindre bientôt une société annexe : Les Amis de la Pierre du Foyer. Je recommande cette association comme une des plus intéressantes qui se soit faite en France. Je voudrais essayer de vous la décrire et en dire tout le bien que j'en pense ; mais d'autres le feront mieux que moi. Je vous dirai simplement que c'est la seule en France qui ait inauguré le système coopératif des Buildings, qu'elle a eu une médaille d'argent à l'Exposition d'Auxerre l'année dernière, que son président et organisateur, M. Eugène Rostand a été nommé Chevalier de la Légion d'honneur le 31 mai 1890, après la visite du Président de la République, le 18 avril précédent, à ces habitations ouvrières de Marseille. Je vous dirai que cette Société en a construit dans divers quartiers de la ville : aux Catalans, chemin de la Madrague, au cap Pinède, même dans les faubourgs les plus deshérités, comme à la Belle de Mai, rue Guérin et tout récemment rue Wulfran-Puget.

Je ne puis résister à vous en donner une idée succincte, en citant les 10 lignes suivantes prononcées par M. Rostand dans sa conférence qui en a provoqué la constitution, le 17 octobre 1890. « Comprenez bien, ouvriers marseillais. Voici deux d'entre vous. L'un, qui n'est pas coopérateur, paie à son propriétaire 225 ou 250 francs de loyer ; au bout de 15 ans, il a déboursé 3.750 francs et *rien ne lui reste*. L'autre verse 350 francs par an à une coopérative d'habitation ; dès le premier jour (car il est le maitre dès qu'il est entré), il est chez lui, il a sa maison et son jardin ; et au bout de 15 ans, pour ces 100 francs de plus par an, soit 1.500 francs : 1° il a une propriété qu'il laissera à ses enfants ; 2° il ne *paiera plus de loyer jamais*, c'est-à-dire que, s'il vit encore 20 ans, il aura pu effectuer à l'assurance, à la pension de retraite, à la réserve de sa vieillesse, les 250 francs qu'il donnait autrefois à un tiers. »

N'est-ce pas encourageant et n'y a-t-il pas là un modèle à suivre ?

Que dis-je? il a déjà été suivi, soit en Belgique, par le Cottage d'Athis-Mons, soit en France et près de nous, par le Cottage d'Oullins. Ces deux sociétés, qui ont adopté la même dénomination, ont été constituées la première pour les employés de la Cie d'Orléans et la seconde de préférence pour les ouvriers de la Cie du P.-L.-M.

Cette dernière, fondée à Lyon le 1er mai 1891, doit nous intéresser particulièrement puisqu'elle est la première Building tentée dans notre ville. Son succès nous fait espérer qu'elle aura aussi des imitateurs. Son but est indiqué par son titre : *Le Cottage*, et surtout par son sous-titre : *Société lyonnaise des Maisons salubres et à bon marché, pour faciliter l'accession à la propriété par le travail et l'épargne*. Fondée avec un capital restreint de 150,000 fr., elle a construit à Oullins, chemin Jacquard, soixante petites maisons avec jardin, aujourd'hui complètement occupées. Ce n'est ni une entreprise de spéculation ni une œuvre de philanthropie. Elle admet que tout service rendu doit être rémunéré, mais, en aucun cas, le capital engagé ne peut avoir une rémunération supérieure à 5 °/₀ l'an.

Le terrain choisi n'a coûté que 2 fr. le mètre carré et elle peut encore construire sur le terrain adjacent, en vertu d'une promesse de vente, au moins cent nouvelles maisons. Le principe de la Société est de construire sur commande, en vertu d'un contrat préexistant; elle a ainsi la certitude que ses constructions seront occupées aussitôt construites et le preneur, ayant la faculté d'apporter au modèle réglementaire telle modification qui lui plait, entre dans un immeuble fait à son goût et à sa mesure. Deux types de maisons sont adoptés : l'un coûte 3,200 fr.; il est composé de 3 pièces et d'un jardin de 110 mc.; l'autre, comprenant 4 pièces, revient avec le même jardin à 3,500 fr. La mensualité pour le premier est de 24 fr. amortissement compris, la propriété acquise au bout de 15 ans; elle est de 25 fr. pour le second, la propriété acquise au bout de 16 ans et 5 mois.

Nous voudrions bien vous parler aussi des petites maisons de Belfort, d'Epinal, du Hâvre, de Limoges où la Société a été formée par une coopérative de consommation ; de Rouen qui a obtenu une médaille d'or à l'exposition de 1889; des importantes constructions ouvrières du Creusot et de celles de Valentigney par M. Peugeot, transformées en coopératives, même de celles de M. Henri Satre à Lyon, quoique purement locatives. Mais cela nous entraînerait trop loin et nous croyons avoir cité assez de types pour que l'on puisse choisir et adopter, en France, et particulièrement à Lyon, ceux qui conviendraient le mieux aux usages locaux, pour faciliter l'acquisition de petites maisons d'habitation. On pourrait même créer un genre nouveau de société coopérative mixte, c'est-à-dire tenant tout à la fois des Building Societies d'Angleterre et d'Amérique et des coopératives de construction de Milan, de Gênes, de Bologne, souvent associées aux Sociétés de secours mutuels, cellule originaire autour desquelles toutes les organisations vouées à l'épargne peuvent successivement se grouper.

La Building Society prête au coopérateur le capital avec lequel il construira sa maison. Ce prêt est hypothéqué sur l'immeuble lui-même et remboursé en un certain nombre d'annuités, c'est le type Anglo-Saxon.

Dans le type italien, au contraire, la Société construit directement la maison et la loue au coopérateur, par diverses combinaisons qui lui en confèrent la propriété.

C'est le premier type qui serait l'idéal; mais le second est peut-être plus pratique ; c'est le système des habitations de Mulhouse, du Hâvre, d'Auteuil, de Marseille, des Cottages d'Oullins. Il se résoud en une location avec promesse de vente et comprend deux formes distinctes :

1° L'amortissement contenu dans le loyer est simplement inscrit à un compte courant ouvert par la Société au locataire. Quand le solde créditeur du compte est égal au montant de la maison, c'est-à-dire lors du paiement de la dernière annuité qui en achève la libération, la promesse de vente est réalisée.

2° Cet amortissement est affecté à la libération graduelle d'actions de la Société elle-même. Le locataire n'entre dans la maison qu'après avoir acquis et libéré en partie, du dixième par exemple, un nombre d'actions tel, qu'une fois entièrement soldées, elle représentent la valeur intégrale de l'immeuble. Il les transfère en garantie de ses engagements ou plutôt il les rétrocède à la Société qui lui confère en échange la propriété de sa maison.

Ce système est commode et pratique ; il n'impose aucuns frais préalables et permet d'interrompre l'opération, à un moment quelconque, par le simple remboursement des avances ou la restitution des actions.

On a parlé aussi de créer des Bons des logements à bon marché, dans le genre des Bons de la Presse et des Bons en faveur des victimes des sauterelles en Algérie, émis par le Crédit Foncier.

M. Mayeur, ancien Président de la Chambre syndicale des propriétés immobilières de Paris, proposait en 1870, dans le *Figaro*, une solution très neuve et très ingénieuse de la question, qui consistait en substance à ceci : des sociétés de constructions, établies à cet effet, loueraient directement aux Sociétés de Secours mutuels approuvées, (qui sont autorisées à prendre des immeubles à bail) des petites maisons que ces Sociétés de Secours mutuels sous-loueraient à leurs membres participants, en se chargeant de la gestion des immeubles et en prenant à leur compte tous les frais que supporte la propriété. Nul doute que dans ces conditions on ne trouve tous les capitaux désirables. D'un côté, les Sociétés de construction auraient toute garantie par les Sociétés de Secours mutuels et seraient déchargées du soin de recouvrer les locations et des frais de toute nature, et, d'un autre côté, les Sociétés de Secours mutuels ayant leurs membres solidaires et surveillés les uns par les autres, n'auraient aucune perte à redouter de leurs locataires.

Diverses autres solutions ont été proposées par la Société française des habitations à bon marché, 15, rue de la Ville-l'Évêque, à Paris, créée pour les encourager. Les personnes désireuses d'être utiles à leurs semblables ou qui, dans un intérêt personnel, voudraient s'occuper de cette question de l'habitation, trouveront, dans cette société, tous les renseignements : statuts, modèles de baux, plans et devis de constructions etc., dont ils pourraient avoir besoin. Ils pourront se convaincre, avec M. Jules Siegfried, l'éminent inspirateur de la Loi, que de toutes les œuvres philanthropiques ou sociales, la seule qui ne prête à aucune critique, la seule qui produise des résultats certains, sans presque jamais donner de déceptions, c'est celle qui a pour but l'amélioration du logement.

Je vous prie, Messieurs, de vouloir bien excuser la longueur et la médiocrité de ce rapport, en raison de ma bonne volonté et de mon inexpérience. Je me suis efforcé de condenser tout ce que j'ai entendu et lu sur le sujet qui nous occupe. Je laisse à mon grand regret de bien intéressantes choses ; mais pour ne pas abuser plus longtemps de votre patience, nous conclurons en disant que l'idéal est la maison que la famille est seule à occuper et dont elle est propriétaire ; c'est son nid, son enveloppe, sa patrie. C'est elle qui garde le souvenir de ses joies et de ses douleurs, de ses luttes et de ses succès. C'est elle qui suggère le courage et soutient la défaillance du travailleur, qui le console et le transforme, et lui ôte le souci du loyer et l'angoisse du terme.

Désormais fixé et abrité pour sa vie, le rôle du père de famille est rehaussé dans toute sa dignité d'homme. Il est comme disait Montaigne " dans sa chaumière aussi indépendant que le Doge de Venise ".

Comme l'a compris la population de Londres, qui trop à l'étroit et manquant d'air dans l'enceinte de la ville, va chercher la salubrité et l'espace dans la banlieue, nos villes françaises commencent à suivre cet élan. C'est ce qu'il faut encourager par tous les moyens : bas prix des transports, création de banques populaires encourageant et recueillant l'épargne pour l'employer au profit même de l'homme épargnant, en mettant la formation de ces capitaux à sa disposition pour son habitation. Groupement des efforts individuels par la coopération. Formation de sociétés de constructions par les coopératives de consommation, qui n'auront qu'à s'inspirer de celles d'Halifax, qui ont prouvé par leur expérience qu'une famille d'ouvriers composée du mari, de la femme et de 4 enfants, est en état d'économiser dans une coopérative, en 14 ans, sur sa consommation, le prix d'achat d'une jolie petite maison.

Reconstitution des pensions de retraite des Sociétés de Secours mutuels, en adoptant ces projets de construction et en y consacrant leurs réserves. Terrains cédés à bon marché par les Villes et les Administrations hospitalières aux Sociétés de constructions ouvrières.

Intérêts légitimes accordés aux capitaux qui s'y emploient et enfin, et c'est mon dernier vœu, que la Chambre syndicale des propriétés immobilières de Lyon, si prospère, complète ses succès en donnant elle-même l'exemple à Lyon, par la création d'une coopérative d'habitations à bon marché.

A. CHAVASSIEU,
Ancien percepteur,
Administrateur de la Chambre syndicale
des Propriétés immobilières de la Ville de Lyon.

15.611. — Lyon. — Imp. Salut Public, rue Molière, 71.